Zuid-Afrikaanse Culinaire Safari

Baie lekker
Zuid-Afrikaanse recepten

Marika Rentier

1e Editie 2016
© Marika Rentier
Fotografie:
Marika Rentier
www.marikarentierfotografie.com

Inhoudsopgave

Culinaire safari

Ooit een echte safari in Afrika meegemaakt? Dan ken je de mysterieuze spanning die er in de bush hangt waar je door heen rijdt. Al je zintuigen zijn gespitst. Wat zie je om de volgende bocht?

Een olifant, een kudde impala's die rustig staat te grazen in de koelte, of een giraffe die knabbelt aan de bladeren van een pittoreske kameeldoornboom die afsteekt tegen de fel blauwe lucht van Afrika? Misschien is het een leeuwenfamilie die ligt uit te rusten nadat ze zijn uitgevreten aan hun vangst van de afgelopen dagen, of misschien wel de zeldzaamste ervaring: Een luipaard die zijn prooi besluipt.

's Avonds om het kampvuur worden de opwindende verhalen uitgewisseld, terwijl de zon wegzakt achter een kameeldoornboom, waaruit de neushoornvogel z'n laatste lied zingt. De nachtgeluiden maken je nieuwsgierig naar wat je de volgende morgen gaat zien. Een echte safari in Afrika verveelt nooit en zit altijd vol verrassingen, voor wie het avontuur aandurft!

De Zuid-Afrikaanse keuken is net als een safari in Afrika vol avonturen voor wie het aandurft. Ontdek zelf de verrassingen van de smaak-safari van deze regenboog cuisine. Proef de zon in fruitige dranken en toetjes. Ontdek Maleise invloeden in de zomerbobotie. Laat je opwarmen door de pittige kerriegerechten in de winter. Laat je verrassen door biltongtaartjes. En natuurlijk ontbreekt er geen recept voor een echte Zuid-Afrikaanse braai. Volop ingrediënten voor een barbecue waarmee je helemaal in de sfeer van Afrika komt. Want barbecueën is belangrijk in Zuid-Afrika. Er is in september zelfs een nationale braaidag. Het bijzonder daarvan is dat alle 12 bevolkingsgroepen in Zuid-Afrika deze culinaire erfenis van 'braai' met elkaar delen.
In de Zuid-Afrikaanse keuken proef je hoe 'east meets west'. Laat je meenemen door dit receptenboek op een culinaire Zuid-Afrikaanse safari. De rijke culinaire erfenis van de regenboog cuisine zit vol verrassende smaken.

Bobotie – Kaaps-Maleise ovenschotel

Toen de Nederlandse kolonisten onder leiding van Jan van Riebeeck van de Vereenigde Oostindische Compagnie in 1652 bij de Kaap aankwamen, zochten ze slaven om het land te bewerken. De inheemse bevolking wilde niet voor de kolonisten werken en daarom haalde men slaven uit Maleisië. De eerste slaven kwamen in 1658 vanuit Java en andere Indonesische eilanden op de Zuidpunt van Afrika aan. Door de jaren heen kregen zij een grote invloed op de Kaapse keuken, omdat de vrouwen in de keukens van de kolonisten werkten. In het bobotiegerecht is dit goed merkbaar. De Nederlanders in de Kaap hadden uit hun vaderland het recept van een gehakttaart meegenomen. Toen hun gevraagd werd de gehakttaart te maken, konden zij zich niet voorstellen dat je het vlees zonder specerijen en fruit at en voegden zij naar eigen inzicht ingrediënten toe. Kennelijk viel hun aanpassing in de smaak bij de Nederlanders, want bobotie met z'n kerriekruiden, kurkuma en fruit is inmiddels een van de oudste gerechten van de Kaapse keuken en verveelt nog steeds niet! Ook op de taal van de Nederlanders hadden de Maleise vrouwen invloed. Het typische Afrikaans dat gaandeweg ontstond, wordt niet voor niets een kombuistaal genoemd. Het was de taal die in de kombuis (keuken) gesproken werd. Baie lekker, zullen ze gezegd hebben om het eten aan te prijzen. Baie komt van het Maleise woord baiang en betekent veel.

Nodig voor 4 personen:

30 ml olijfolie
500 g rundergehakt
1 ui, fijngehakt
2 teentjes knoflook
250 g geraspte wortel of 1 fijngehakte appel (granny smith) zonder klokhuis
10 ml kerriepoeder
5 ml koriander
2,5 ml gember
2,5 ml gedroogde kruiden of 15 ml verse gemengde kruiden
5 ml kurkuma
2,5 ml kaneel
5 ml suiker
snufje chilipoeder
5 ml zout

1 ml peper
15 ml azijn of citroensap
2 sneden dagoud wit of bruin brood, geweekt in kippenbouillon en fijn gemaakt met een vork
2 laurierblaadjes
15 ml abrikozenjam
15 g geschaafde amandelen
Eventueel ook: 50 g in stukken gesneden abrikozen of rozijnen geweekt in rooibosthee

Voor de topping:
250 ml yoghurt
2,5 ml zout
snufje peper
2 eieren

Werkwijze:

Week het brood in kippenbouillon.
Fruit de uien in de olijfolie tot ze zacht en glanzend zijn.
Doe de fijngesneden knoflook en de specerijen erbij en meng die goed met de uien.

Voeg het gehakt toe en bak deze rul.
Meng de geraspte wortel of appel erdoorheen.
Bak alles korte tijd samen om de smaken goed te laten mengen.
Doe zout, peper, citroensap of azijn erbij en roer het geheel goed door.
Voeg abrikozenjam toe en eventueel de gehakte abrikozen/rozijnen en het amandelschaafsel.
Druk het vocht goed uit het geweekte brood en prak het fijn met een vork.
Doe het brood bij het gehaktmengsel en roer alles goed door.
Verdeel het mengsel gelijkmatig over een ingevette ovenschaal en steek er aan de bovenkant de laurierbladeren in.
Meng voor de topping yoghurt, zout, peper en eieren met een vork en giet het over het gehaktmengsel.
Bak het geheel zonder deksel 35 minuten bij 190˚C totdat de bovenlaag goudbruin is.

Serveertip:

Traditioneel wordt bobotie geserveerd met gele rijst, zoete patat en chutney. Deze recepten zijn te vinden onder bijgerechten.
Ook baie lekker met groene erwten met munt en bosuiringetjies, tomatensambal of gesneden bananenschijfjes.

Pompoensoep safari

*Pompoen is in Zuid-Afrika een geliefd onderdeel in heel veel verschil-
lende gerechten. Hier verwerken we de pompoen in een lekkere licht
pittige soep.*

Nodig voor 8-10 personen:

25 ml olijfolie

1 kg pompoen in blokjes gesneden

1 liter kippenboullion

1 ui fijngehakt

2 appels fijngehakt

1 grote aardappel

5 ml kurkuma

10 ml kerrie

4 ml kaneel

4 ml gember

4 ml zout

1 laurierblad

5 ml bruine suiker

200 ml melk

Werkwijze:

Hak de uien fijn en fruit ze in de olijfolie tot ze zacht en glanzend zijn.

Doe de fijngesneden aardappel, appels en pompoen en de specerijen erbij en meng deze goed met de uien.

Voeg de kippenbouillon toe met het laurierblad en de suiker en breng het mengsel aan de kook. Laat het daarna sudderen totdat de groenten zacht zijn (ongeveer 25 minuten).

Laat het mengsel even afkoelen en verwijder het laurierblad.

Pureer het mengsel in een keukenmachine.

Doe het mengsel terug in de pan.

Doe de melk erbij en verwarm het opnieuw.

Schep de soep in soepkommen en garneer het met slagroom en paprikapoeder.

Biltongtaartjes

Hartige taartjes van maismeel, biltong en oude kaas. Een heerlijke Zuid-Afrikaans/Nederlandse combi die het goed doet bij een koud of warm buffet.

Toen de Nederlandse kolonisten de Zuid-Afrikaanse Kaap bevoeren, namen zij op hun schepen gemarineerd gedroogd vlees mee voor het nodige eiwit en ijzer. Ook toen zij zich settelden in de Kaap bleven zij dat gedroogde vlees eten, omdat zij niet direct een veestapel hadden opgebouwd en het jagen op Afrikaans wild nog moesten leren. Zuid-Afrikanen kenden de conserveringsmethode drogen nog niet, en namen deze over van de Hollanders, met de toevoeging van kruiden en azijn. Zo is biltong ontstaan.

Biltong is wat het woord zegt: tongvormige repen vlees van het achterste van een dier. Dat kan een rund zijn, maar ook een koedoe, struisvogel of buffel. Het vlees wordt gesneden in stroken van ongeveer een centimeter dik, gezouten, gemarineerd in (appel)azijn met een paar druppels worcestersaus en ingewreven met een kruidenmengsel. Traditioneel bestaat dat mengsel uit bruine suiker, gemalen zwarte peperkorrels en gemalen korianderzaadjes. Daarna wordt het vlees in een droogkast in de buitenlucht te drogen gehangen.

In landen met veel Zuid-Afrikaanse immigranten, zoals ook Nederland, wordt biltong zelfgemaakt. Helaas is het Nederlandse klimaat te vochtig om het vlees buiten te drogen. Een goed alternatief is drogen in een droogkast of heteluchtoven. In de oven duurt het droogproces vier tot vijf uur. Hoe langer de biltong vervolgens wordt bewaard, hoe harder en droger hij wordt.

Afrikanen eten biltong graag als snack bij een rugbywedstrijd, bij een braai of tijdens het film kijken. Ook wordt biltong veel gebruikt in soepen en salades. Biltong is verkrijgbaar in winkels met Zuid-Afrikaanse producten.
Kijk op www.diespens.nl

Nodig voor 20 taartjes:
Voor de taartdopjes:
175 g bloem
75 g maïsmeel (wit of geel)
2,5 ml zout
120 g boter in blokjes gesneden en gekoeld
50 ml (geraspte) oude kaas

1 ei, licht losgeklopt samen met een eetlepel water
handvol droge bruine bonen als vulling tijdens het bakken
20 muffinvormpjes

Werkwijze:

Meng de bloem, het maïsmeel en het zout in een keukenmachine. Voeg
de boter toe en meng het geheel totdat er fijne kruimels ontstaan.
Voeg geraspte oude kaas toe terwijl de keukenmachine blijft mengen.
Voeg het ei en het water toe totdat er zich een deegbal vormt. Haal het deeg
uit de kom en vorm er een rol van. Leg de rol 30 minuten in een plastic zak in
de koelkast.
Leg de deegrol op een met bloem bestrooid oppervlak en snijd het in 6
delen. Rol deze uit tot stroken van ongeveer 0,5cm dikte. Druk met een rond
vormpje, of met een drinkglas, rondjes uit die passen in een muffinvorm.
Leg alle deegrondjes in de met boter ingevette muffinvormpjes.
Prik het deeg in met een vork en leg in elk deegrondje wat bruine bonen. Bak
de deegbodempjes 10 minuten op 190°C. Haal de bonen eruit en bak nog
ongeveer 5 minuten tot het deeg begint te kleuren.

Maak intussen de vulling
Nodig voor de vulling van 20 taartjes:
125 g (geraspte) oude kaas
50 g biltong
1 middelgrote tomaat
1 ei
125 ml slagroom

Snijd de biltong in kleine stukjes en meng deze met de geraspte kaas.
Verwijder de schil van de tomaat na deze een minuut in heet water
gedompeld te hebben. Snijd de tomaat in kleine blokjes en doe deze bij het
biltong-kaasmengsel.
Meng het ei en de slagroom met een garde. Roer het biltong-kaas-
tomaatmengsel erdoor. Vul de gebakken taartbodempjes met het mengsel
Verlaag de temperatuur van de oven naar 180°C en bak de taartjes in
ongeveer 25 minuten af, tot de vulling gestold is en een beetje begint te
verkleuren.

Mieliepapbolletjes gevuld met biltong

Een heerlijke Zuid-Afrikaans/Nederlandse combi van biltong en oude kaas met maïsmeel. Leuk als voorgerecht, bijgerecht of borrelhapje.

De lekkerste mieliepap!
Mieliepap wordt vooral gegeten door de inheemse zwarte bevolking en de Afrikaanssprekende Zuid-Afrikanen. In de Kaapprovincies eet men de pap hoofdzakelijk als ontbijt. Omdat maïsmeel goedkoop is, wordt mieliepap door armere mensen als stapelvoedsel gebruikt, met groenten, saus of vlees. De lekkerste pap is die van zelfgemaakt meel. Alleen op het platteland wordt meel nog zelfgemaakt door graan of maïs met een steen fijn te stampen op een grotere steen.

Hier een recept waarin maismeel verwerkt is om te nuttigen als starter als borrelhap. Lekkerst als dit warm opgedien wordt.

Serveer de mieliepapbolletjes warm als voor- of bijgerecht met een lekkere tomatenchutney. Gebruik je de bolletjes als borrelhapje, dan kun je ze ook koud serveren. Mieliepapbolletjes zijn verder heerlijk bij de barbecue (braai).

Nodig voor 12 grote of 20 kleine bolletjes:

600 ml kippenbouillon
150 g maïsmeel/polenta (wit of geel, geen maïzena)
150 g oude kaas
30 g zachte ongezouten boter
2 eetlepels versgehakte peterselie
3 g zout
50 g fijngehakte biltong
250 g paneermeel met kruiden
2 losgeklopte eiwitten
zout en versgemalen peper

Werkwijze:

Breng de kippenbouillon aan de kook. Giet onder voortdurend roeren het maïsmeel erbij tot een dikke massa ontstaat. Laat de massa op een laag vuur in ca. 30 minuten gaar koken. Voeg de kaas, de boter en de peterselie toe, roer goed en breng op smaak met zout en peper.
Laat de massa afkoelen tot kamertemperatuur. Vorm balletjes ter grote van een golfbal of iets kleiner wanneer je de bolletjes als borrelhapje wilt serveren. Druk een holte in het midden van de bolletjes en vul deze met een beetje fijngehakte biltong. Maak de balletjes weer dicht en zorg dat ze mooi rond zijn. Leg de gevulde balletjes een nachtje in de koelkast.
Haal de balletjes eerst door het eiwit, dan door de paneermeel en rol eventueel ook een paar balletjes door het amandelschaafsel. Frituur de balletjes in olie op 160°C tot ze goudbruin zijn en laat ze daarna uitlekken op keukenpapier.

Pienang Curry

Een mild Kaaps-Maleis kerrievleesgerecht dat je lang laat sudderen tot alle geuren vermengd zijn tot een aromatisch geheel. Een ware smaaksensatie! Pienang curry komt van oorsprong uit Java.

Nodig voor 5 personen:

750 g sukadelappen of lamsvlees in blokjes
20 ml olie
1 ui, fijngehakt
3 teentjes knoflook, fijngehakt
1 gedroogde chili, fijngehakt
1 stukken kaneelstokken
1 laurierblad
2 hele kruidnagels

2 peperkorrels
5 ml kerriepoeder
5 ml kurkuma
2,5 ml zout
5 ml bruin suiker
10 ml azijn
100 ml water

Werkwijze:

De vleesblokjes even braden tot ze bruin zijn. Haal ze uit de pan en doe ze in een bakje.

Fruit de ui in dezelfde pan. Voeg knoflook, chili, kaneelstok, laurierblad, kruidnagels en peperkorrels erbij en braad dit 1 minuut zodat de geuren zich goed mengen.

Doe dan de kerriepoeder en de kurkuma erbij en mix dit goed voor een minuut.

Doe het vlees terug in de pan. Voeg het water, de bruine suiker, zout en azijn erbij.

Laat het vlees 2 uren sudderen. Roer het vlees zo min mogelijk om.

Tijdens het sudderen kan er als het nodig is een klein beetje water toegevoegd worden.

Penang curry is een drogere curry en er moet niet te veel jus ontstaan.

Serveertip:

Serveer met gele rijst en rozijnen, sambal, gekarameliseerde bananen en chutney. Ook lekker met aardappelpuree.

Pompoenbredie

*Bredie is een Afrikaans woord van Maleise origine. De Maleisiërs
hebben aan de Hollandse stoofpot specerijen toegevoegd. Daarin ligt
ook het geheim van een lekkere bredie: de fijne balans van de
specerijen en het stoven van het vlees en uien. Groenten die je erin kunt
doen zijn tomaten, sperziebonen, Kaapse waterbloemetjes of pompoen.
Bij dit recept is gekozen voor pompoen.
Bredies zijn vooral lekker in de herfst of de winter!*

voor 4 personen:

30 ml olijfolie
500 g sukadelappen in blokjes of lamsvlees in blokjes gesneden
1 grote ui
1 pompoen (waarvan 500 gram in blokken en 500 gram in schijven)
250 ml water
1 rode peper, fijn gehakt
3 kruidnagels
1 kaneelstok
15 ml zachte bruine suiker
15 ml boter
20 ml honing
Zout en gemaalde zwarte peper naar smaak
Tijm takjes
Handvol peterselie

Verwarm de helft van de olie in een grote pan en braad het vlees goud bruin.
Voeg de ui erbij en laat die ongeveer 5 minuten mee fruiten.
Doe vervolgens de helft van de pompoen en het water erbij. Laat dit 30 minuten sudderen.
Doe dan de rode peper, kruidnagels, kaneel, suiker en boter erbij en laat het nog 30-60 minuten sudderen tot het vlees zacht is. Doe zout en peper naar smaak erbij.
Terwijl de vlees aan het sudderen Is, verhit je de oven tot 200 graden.
Voor de pompoen schijven: Doe de schijven in een ovenpan en druppel de honing en ander helft van de olijfolie er overheen.
Doe zout en peper naar smaak eroverheen en bak het dan 30 minuten tot het gekaramelliseerd is.
Hak de peterselie fijn.
Meng de pompoenschijven en de peterselie door de vlees bredie.

Serveer de bredie samen met rijst erbij.

Chakalaka

Chakalaka is de prachtige naam van een eenvoudig, pittig gerecht dat eigenlijk ontstaan is in de townships van Zuid-Afrika. Het gerecht bestaat uit uien, tomaten en bonen en wordt vooral door de oorspronkelijke inheemse bevolking gegeten. Het is eigenlijk een vegetarische curry. Er kunnen ook overschotjes uit de koelkast in verwerkt worden, zoals restjes wortels en bloemkool. Het is lekker bij een braai (barbecue). Het kan ook gecombineerd worden met gerechten van maismeel of met brood. In dit recept wordt het met sneetjes stokbrood geserveerd als hartige starter.

Nodig voor 10 personen:

1 eetlepel olijfolie
1 ui, fijngehakt
2 teentjes knoflook, fijngehakt
1 eetlepel gember, fijngehakt
1 rode peper in ringetjes gesneden
1 eetlepel kerriepoeder
1 rode paprika

4 wortels, geraspt
5 tomaten
1 takje vers tijm
720 gram bonen op tomatensaus
Zout en peper naar smaak
Korianderbladeren
Halve komkommer in sneetjes gesneden
1 stokbrood

Werkwijze:

Hak de ui fijn en fruit het in de olijfolie tot de stukjes ui zacht en glanzend zijn. Maak de knoflook fijn en voeg dit erbij evenals de rode peper, gember en kerriepoeder.
Voeg de rode paprika erbij en braad die 2 minuten mee.
Voeg de wortel erbij en meng die goed door het geheel.
Ontvel de tomaten en hak ze in kleine blokjes.
(Tomaten kun je zo ontvellen: Breng een steelpan met water aan de kook en zet een bakje met koud water klaar. Snijd met een scherp mesje aan de onderkant van de tomaten een kruisje in de velletjes van de tomaten. Dompel de tomaten één voor één enkele tellen in het kokende water tot de velletjes beginnen te krullen (gebruik een lepel of een tang). Leg de tomaten daarna snel in het koude water (de velletjes zijn nu makkelijk te verwijderen).
Voeg de tomaten aan mengsel toe en roer het goed door.
Kook het 5-10 minuten tot het mengsel goed gemengd is en iets dikker wordt.
Voeg de bonen met tomatensaus eraan toe en meng goed door tot even opgewarmd is.
Serveer warm of koud.
Snijd de stokbrood in dunne sneden. Doe een laagje boter op elk sneetje. Schep een eetlepel chakalaka mengsel op elk sneetje stokbrood en garneer het met een schijfje komkommer en koriander-blaadje.

Mini kerrie-gehaktballetjes

Zuid-Afrika is een mengkroes van culturen. We zien het terug in de Zuid-Afrikaanse keuken: 'East meets West'.
Nederland stichtte in 1652 wat de Zuid-Afrikaners een 'halfweg-stasie' noemen. Een 'restaurant' voor de schepen van de VOC die op weg waren naar wat vandaag Indonesië heet. De bemanning had namelijk behalve water verse groente en vlees nodig om te kunnen overleven en wijn was daarbij ook welkom. De Nederlanders die er zich vestigden namen hun Nederlandse eetgewoonten mee en zo kwamen ook onze gehaktballen in de Kaap terecht. Ze kregen wel een oosters tintje met kerrie. Typerend voor de Zuid-Afrikaanse keuken worden ze ook gecombineerd met fruit. In dit recept met banaan. Proef zelf hoe verrukkelijk die mix is!
De naam is ruim 3 eeuwen later nog hetzelfde als het destijds in Nederland was: 'frikadel'. In Nederland was die naam intussen in onbruik geraakt, tot de naam met een n erbij (frikandel) halverwege vorige eeuw opnieuw gebruikt werd, maar nu voor de langwerpige variant.

Recept voor 8 personen als starter:

1 witte boterham (dag-oud)
40 ml melk
25 ml olie
2 klein uien geraspt of fijn gehakt
10 ml kerrie
Snufje zout
400 g rundergehakt

25 ml chutney
25 ml azijn
1 wortel (geraspt)
1 ei geklopt
5 ml bruine suiker
15 ml abrikozenjam
100 ml water 1 banaan,
in schijfjes gesneden

Werkwijze:

Snijd de korstjes van het brood en leg de boterham in een diep bord.
Schenk de melk erover en laat het enkele minuten inweken. Knijp het
vocht uit het brood.
Doe het brood samen met de gehakt in een kom en voeg 1 ui, chutney,
15ml azijn, wortel, ei, 7,5 ml kerriepoeder en zout toe.
Kneed de mengsel goed door.
Verdeel het gehaktmengsel in ongeveer 12 kleine ronde balletjes en
vorm met licht vochtige handen mooie ronde balletjes.
Bak de balletjes op hoog vuur rondom goudbruin in 15ml olijfolie. Draai
het vuur lager. Laat de gehaktballen in ca. 20 minuten gaar worden
terwijl je ze regelmatig omdraait.
Bereid intussen de saus: Meng 1 ui, 2,5 ml kerrie, 10ml azijn, bruine
suiker, abrikozenjam en water in een pan op laag vuur.
Voeg banaan schijfjes toe en laat samen even doorkoken.
Serveer de saus samen met de gehaktballetjes.

Samosa's

De duizenden arbeidsmigranten die in de negentiende eeuw uit Indië naar Zuid-Afrika kwamen, brachten nieuwe culinaire gewoonten in de Zuid-Afrikaanse keuken. Vandaag zijn ze niet meer weg te denken in Zuid-Afrika: Samosa's zijn heerlijke pittige gefrituurde hapjes met een bijpassende chutney.
Samosa's zijn driehoekige gefrituurde snacks die als voorgerecht of bijgerecht geserveerd worden. Samosa's bestaan uit een omhulsel van filodeeg of bladerdeeg, gevuld met een mengsel van aardappelen, ui, erwten, koriander en rundergehakt of kippenvlees.
Serveer de samosa's met tomatenchutney (het recept hiervoor is te vinden bij de chutneys)

Nodig voor 12 personen:

600 g rundergehakt
1 theelepel fijngehakte gember
1 teentje knoflook fijngehakt
1 eetlepel olijfolie
1 kleine ui, fijn gehakt
1 takje tijm
5 muntbladeren, fijngehakt
5 kerriebladeren
1 rode peper in ringetjes gesneden
2 lente-uien in kleine ringetjes gesneden

1 eetlepel kerriepoeder
Snufje rode peper
Snufje komijn
Snufje koriander
Snufje kurkuma
Zout naar smaak
8 velletjes filodeeg
of loempiavellen ontdooid
volgens de verpakking

Fruit de ui enkele seconden in opgewarmde olie.
Voeg de kerriebladeren, fijngehakte muntbladeren, lente-uien, rode
peper en tijm toe. Fruit het geheel tot de ui lichtbruin is.
Doe de kerriepoeder, rode peper poeder, komijn, koriander en kurkuma
erbij en fruit dit een paar seconden mee.
Doe de gember en knoflook erbij.
Doe het vlees erbij en meng de specerijen goed door het vlees.
Braad vlees in ongeveer 25 minuten gaar. Doe een klein beetje vocht
erbij zodat vlees niet aanbrandt.
Alle natuurlijke vocht moet weggekookt zijn.
Laat het vlees afkoelen.
Snijd de deegvellen in drie stroken.
Vouw een hoekje twee keer om aan de onderkant van de strook.
Vul dat hoekje met een theelepel vleesmengsel en vouw het dicht.
De zo voorbereide deegpakjes met vulling kunnen nu in de vriezer
bewaard worden en gebraden worden wanneer je ze nodig hebt.
Bak de samosa's om en om in een paar minuten goudbruin.
Laat ze uitlekken op keukenpapier en laat ze even afkoelen.
Samosas zijn versgebakken het lekkerst.

2. Dit-hoort-erbij-safari

Erwtjes met munt en ricotta

Dit bijgerecht smaakt erg goed bij bobotie. De frisse smaak van munt
en de ricottakaas complimenteren het pallet van de Maleise specerijen
die in de bobotie zitten.

Nodig voor 4 personen:

800 g erwtjes
2 lente-uien in kleine ringetjes
gesneden
10 muntbladeren
15 ml kappertjes

6 theelepels ricottakaas
1 eetlepel citroensap
1 eetlepel azijn
5 ml honing
2,5 ml mosterd
5 ml olijfolie

Verwarm de erwtjes in een pan in het eigen vocht uit het blik/glas.
Giet het vocht af.
Meng de fijngesneden lente-uien, kappertjes en muntbladeren door
de erwtjes heen.
Meng citroensap, azijn, honing, mosterd en olijfolie tot een dressing.
Meng de dressing door de erwtjes.
Verdeel er 6 theelepels ricottakaas over.

Rode bieten salade

*Deze salade is vooral onder Afrikaanssprekende mensen heel populair.
De salade is het lekkerst als hij een paar dagen vooraf bereid wordt
en twee tot drie dagen in de koelkast kan staan. Zo trekken de kruiden
en specerijen er goed in. De fijngesneden chili geeft een Kaap-Maleise
accent aan dit recept.*

Nodig voor 6 personen:

8 (gekookte) rode bieten
130 ml rode wijnazijn
60 ml water
30 ml bruine suiker
1 laurierblad
4 zwarte peperkorrels
2,5 ml zout
1 ui
Optioneel: 1 rode peper, in ringetjes gehakt

Werkwijze:

Indien de rode bieten nog niet gekookt zijn: Bedek ze met koud water
in een pan en kook ze redelijk zacht. Ongeveer 45 minuten
Hak de ui fijn en snijd als je die gebruikt, de rode peper in ringetjes.
Laat de rode bieten uitlekken en snijd de eventuele schilletjes eraf.
Snijd de rode bieten in dunne plakjes en doe ze in een glazen schaal die
je kunt afdekken.
Doe het azijn, water, suiker, laurierblad, zout, de peperkorrels, de ui en
eventueel de rode peper in een pan. Doe een deksel erop, breng het
aan de kook en laat het 1 minuut doorkoken.
Giet dit mengsel over de rode bieten schijven en bewaar het na
afkoelen 1-3 dagen in de koelkast.

Gele rijst

Gele rijst is een van de vele Zuid-Afrikaanse recepten die hun oorsprong hebben in Nederlands Indië. Het zonnige gele bijgerecht wordt traditioneel met bobotie geserveerd.

Nodig voor 4 personen:

220 g rijst
625 ml water
5 ml zout
10 ml kurkuma
2 kaneelstokken
100 g rozijnen
30 ml honing
15 ml boter

Werkwijze:

Kook de rijst gaar met het zout en de kurkuma en spoel de rijst na het koken af onder de kraan.
Laat de rijst in een stoommandje in pan op het vuur ongeveer 10 minuten stomen met de rozijnen en de kaneelstokken tot de rozijnen geweld zijn.
Meng honing en boter door de rijst en serveer.

Serveertip: Serveer de gele rijst met bobotie, pienang curry of bredies.

Zoete patats met kaas

*Patats (zoete aardappelen) zijn een geliefd bijgerecht bij Bobotie,
vooral als ze gebraden zijn in olie en suiker. In dit recept een andere
variatie: gebakken met een lichte kaas, honing en walnoten.*

Nodig voor: 4 personen:

3 grote zoete aardappelen
20 ml citroenrasp
25 ml honing
40 g walnoten
100 ml water
Ca. 150 g belegen kaas, in dunne plakken gesneden

Werkwijze:

Schil en was de zoete aardappelen en snijd ze in schijven van ongeveer
2 cm dikte.
Hak de walnoten fijn.
Breng het water aan de kook. Doe vervolgens 5 ml citroenrasp en de
zoete aardappelen erin en kook ze in ongeveer 10 minuten gaar.
Leg de schijven zoete aardappel en de plakken kaas om en om op
elkaar in de ovenschaaltjes of ovenschaal.
Meng de honing met 15 ml citroenrasp en bedruip de zoete
aardappelen ermee.
Sprenkel er vervolgens de walnootstukjes overheen.
Bak de zoete aardappels in 25 minuten bij 190 graden.

Tomatenchutney

Toen de Nederlanders onder leiding van Jan van Riebeeck van de Vereenigde Oostindische Compagnie in 1652 bij de Kaap aankwamen, zochten ze slaven om het land te bewerken. De inheemse bevolking wilde niet voor hen werken en daarom haalde men slaven van Maleisië en de Indonesische eilanden. Met hen had de VOC ervaring en de schepen die vandaar kwamen, stopten immers toch al in de Kaap voor proviand. De eerste slaven kwamen in 1658 vanuit Java en andere Indonesische eilanden op de zuidpunt van Afrika aan. Door de jaren heen kregen zij een grote invloed op de Kaapse keuken omdat de vrouwen in de keuken werkten.

Chutney is een van de invloeden van de 'Maleiers' op de Zuid-Afrikaanse keuken. Hiermee probeerden ze de volgens hen saaie Europese gerechten van gekookte aardappelen, rijst en groenten, wat op smaak te brengen. Aan een basis van fijngesneden vruchten werden kruiden en smaakmakers toegevoegd. Fruit dat ze voor de chutney nodig hadden was volop aanwezig in de Kaap en werd zo op een smaakvolle manier in de maaltijden verwerkt.

Chutney is vandaag nog steeds populair in Zuid-Afrika en is beschikbaar in allerlei soorten. Het wordt vooral samen met bobotie en kerriegerechten gegeten.

Ingrediënten voor ca. 600ml:

1 rode peper, in ringetjes gesneden
1 eetlepel olie
halve ui fijngehakt
1 teentje knoflook
5 ml kerrie
6-7 trostomaten
80 ml rode azijn
30 ml suiker
2 eetlepes koriander bladeren, fijngehakt
Zout en peper

Werkwijze:

Snipper de ui en de knoflook.
Snijd de tomaten in blokjes.
Verhit de olie in een pan met een dikke bodem en fruit de ui glazig.
Laat de knoflook, rode peper en de kerrie kort mee fruiten.
Voeg de tomaat toe en laat deze kort bakken, roer regelmatig.
Voeg de azijn, de suiker, een snufje zout en peper toe en laat dit alle op
laag vuur circa 20 minuten stoven.
Laat de chutney afkoelen. Doe vervolgens de korianderbladeren er
doorheen en schep de chutney in een of meer gesteriliseerde glazen
weckpotten.
De chutney kan ongeveer 2 weken in de koelkast bewaard worden.

Mango atjar

Met de komst van de Maleise slaven naar de Kaap en gastarbeiders uit India naar Kwazulu Natal, werd aan het eentonige Europese eten een opwindend oriëntaal palet toegevoegd. De chutneys, sambals en atjars waren in een tijd dat er nog geen conserveringsmiddelen en koelkasten, een ideale manier om vruchten en groenten te kunnen conserveren om het hele jaar door tijdens maaltijden te kunnen gebruiken.
De Indische mango atjar van dit recept is iets scherper dan de Kaap-Maleise atjar. Lekker bij kerriegerechten zoals bobotie.

Nodig voor 500 ml:

3 groene onrijpe mango's
1 klein ui
60 g amandelschaafsel
2,5 ml zout
125 ml suiker
175 ml rode wijnazijn
1 rode peper
15 ml gember
Teentje knoflook

Werkwijze:

Schil de mango en snijd in lange repen van de pit. Snijd deze repen middendoor. Snijd de ui in dikke reepjes, hak de rode peper in kleine ringetjes en hak de gember zo fijn mogelijk.
Doe de mango met de ui en amandelen in een pan en sprenkel er zout overheen.
Doe de suiker, wijnazijn, rode peper, gember en knoflook erbij en meng het lichtjes door het fruitmengsel.
Laat het mengsel in een afgedekte pan 15 minuten sudderen.
Haal het deksel van de pan en laat het nog 10 minuten sudderen terwijl je af en toe roert, totdat de saus dikker word.
Doe de atjar nog warm in een gesteriliseerde weckpot en bewaar die in een donkere koele kast. Bewaar de weckpot zodra die geopend en gebruikt wordt in de koelkast.

3. Zomersafari

Baie lekker zomersalade

In de warme zomermaanden in Zuid-Afrika wordt vaak een salade als hoofdmaaltijd geserveerd. Bij deze salade worden de fruitsmaken van aardbei en sinaasappel gecombineerd met geitenmelkkaas en rucola. Gekarameliseerde pompoen past er goed bij als bijgerecht.

Nodig voor 8 personen:

1 komkommer
150 g rucola
1 pak gemengde slabladeren
250 g aardbeien
1 sinaasappel
1 granaatappel
20 g saladepittenmix
50 ml peterselie, fijngehakt

100 g magere geitenkaas
(zoals Apetina)
50 ml sinaasappelsap
30 ml witte azijn
15 ml suiker
40 ml olijfolie
Snufje zout
Snufje gemalen zwarte peper
5 ml Saladekruiden
Crème de balsamico

Werkwijze:

Snijd de komkommer in schijven, de aardbeien en de sinaasappelparten doormidden en ontpit een granaatappel. Hak de peterselie fijn.

Meng de komkommer, slabladeren, aardbeien, sinaasappelschijven, granaatappelpitten, peterselie, en salade-pittenmix in een mooie saladebak.

Doe de geitenkaasblokjes er overheen.

Meng de sinaasappelsap, azijn, suiker, olijfolie, zout, peper en saladekruiden goed door elkaar tot een saladesous en sprenkel dit vervolgens over de salade heen.

Garneer het geheel voor smaak en versiering met crème de balsamico.

Kerrie-perzik salade

De combinatie van perziken met kerrie geeft een heerlijke oosterse
salade, vooral geschikt bij vleesgerechten zoals bobotie.

Nodig voor 6 personen:

3 eetlepels bloem
15 ml kerrie
4 eetlepels suiker
350 ml water
100 ml azijn
1 ui
1 eetlepels olijfolie
800 g perzikschijfjes (of halven)

Werkwijze:

Meng in een mengbak de bloem, kerrie en suiker.
Doe bij dit mengsel 100 ml water en meng dit tot er een pasta ontstaat.
Voeg de azijn erbij.
Hak de ui in kleine stukjes en fruit deze in een pan met wat olijfolie tot
ze zacht en glanzend zijn.
Voeg 250 ml water bij de uitjes
Voeg het meelpasta mengsel hierbij en laat het 3 minuten doorkoken.
Haal de pan van het vuur en laat het afkoelen.
Snijd de perziken in schijfjes als dat nog niet is gebeurd en doe ze
zonder de siroop in de pan en meng het voorzichtig door het mengsel.
Laat de smaken even intrekken en dien het vervolgens op in een mooi
schaaltje.

Culinaire Safari

Biltong-rucolasalade met rooibosdressing

Nodig voor ca. 4 personen:

1 pakje rucolasalade
1 plakje fetakaas in blokjes
50 g biltong
1 in blokjes of schijfjes gesneden avocado
1 in schijfjes gesneden komkommer
1 eetlepel kappertjes
noten naar keuze

Voor de dressing:
50 ml olijfolie
20 ml balsamicoazijn
80 ml rooibosthee

Doe de rucola in een schaal en verdeel de komkommer, avocado en
feta erover.
Meng de biltong en kappertjes door de salade en strooi de noten
erover.
Meng de ingrediënten voor de dressing en meng deze voorzichtig door
de salade.

Rooibosthee vruchtensap

De plant komt van nature voor in de omgeving van de Cederberg in de Wes-Kaap.
Sinds 1930 wordt dit plant gekweekt voor thee. De bladeren van de plant worden geplukt, gestampt en in de zon ter oxidatie gelegd. In de laatste fase verkrijgt de rooibos haar roodbruine kleur. In tegenstelling tot de echte thee bevat rooibos geen cafeïne en bijna geen tannine, die in gewone thee verantwoordelijk is voor de iets bittere smaak ervan. Er zitten wel antioxidanten (onder meer vitaminen C), calcium, en ijzer in. Rooibos zou geschikt kunnen zijn als drank voor het slapen gaan. De naam rooibos is Afrikaans en afgeleid van het Nederlandse 'rood bos'.
In dit recept verwerkt als een frisse drank voor een warme zomersdag.

Nodig voor 6 personen:

250 ml rooibosthee
250 ml multifruit sap
250 ml cactus-limoen
1 citroen in dunne snijtjes gesneden
muntbladeren
pulp van 4 grenadillas

Werkwijze:

Kook de rooibosthee en laten afkoelen.
Voeg de andere sappen bij de rooibosthee.
Doe de pulp van de grenadillas kort voor opdiening erbij.
Doe dan een schijfje citroen in de glas met een of twee muntblaadjes voor garnering.

Bosveld smoothie - smoothie met aardbei en mango

Een land waar in het noorden volop mango's groeien en in de koelere West-Kaap aardbeien, vraagt om een lekkere smoothie waarin beide gecombineerd worden.
Een heerlijke verfrissing tijdens de warme zomers.

Nodig voor 700ml:

300 ml yoghurt
1 in blokjes gesneden mango
10 aardbeien
30 ml honing
5 ijsblokjes

Werkwijze:

Verwijder de kroontjes van de aardbeien.
Schil de mango en snijdt het vruchtvlees in stukjes.
Pureer het fruit met de yoghurt, ijsblokjes en honing in de mixer.
Serveer de smoothie met een aardbei op de rand van het glas.

Tropische bananensmoothie

In de noordelijke regio's van Zuid-Afrika is het warm genoeg voor bananenteelt. Daarom hier het recept van een lekkere bananensmoothie ter verfrissing in een warme zomer.

Ingrediënten (voor 500 ml):

150 ml gewone yoghurt
2 bananen
15 ml kokosmelk
15 ml honing
3 ijsblokjes

Werkwijze:

Snijd de bananen in plakjes.
Doe de plakjes samen met de yoghurt, kokosmelk, ijsblokjes en honing in de keukenmachine of blender. Zorg dat deze van boven is afgesloten en mix alles goed door elkaar.
Schenk de smoothie in glazen. Decoreer met geraspte kokos of met bananenschijfjes en kokos op een satéstokje.

Zebra-ijskoffie

In de warme zomermaanden drinken veel Zuid-Afrikaners een verfrissende ijskoffie. In de noordelijke delen van het land wordt koffie verbouwd. Hier een Afrikaanse koffievariatie met zebrastrepen.

Nodig voor 1 groot glas of 2 kleine glazen:

12,5 ml espresso (of poederkoffie opgelost in 25ml heet water)
250 ml koude melk
1 schep vanille-ijs
chocoladesaus
1 wafel
slagroom

Werkwijze:

Meng de koffie met de melk en schenk deze in de beker(s).
Schep het vanille-ijs erop.
Maak met chocoladesaus zebrastrepen over het ijs.
Decoreer met slagroom en een wafel.

African sunset

De marulaboom (Sclerocarya Birrea), ook olifantenboom genoemd, is een Afrikaanse botanische schat doordrongen met cultuur, romantiek en legenden. De boom groeit alleen in subequatoriaal Afrika en wordt nergens anders op de wereld gevonden. Het is een mooi gezicht als de zon zakt met het silhouet van een amarula boom ervoor.

In dit ijsdrankje wordt de subtiele smaak van Amarula-likeur met de fruitige smaak van aardbeien en tropische banaan verweefd. Het prikkelt de smaakzintuigen zo als een zonsondergang in Afrika de zintuigen kan prikkelen. Een heerlijke ijsdrankje voor een warme zomersdag als afsluiting na een barbecue.

Nodig voor 2 glazen:

45 ml Amarula-likeur
9 groot lepels ijs
15 ml honing
11 aardbeien
1 banaan
4 blokjes citroen-chocolade

Werkwijze:

Rasp de citroen-chocolade en snijd de banaan in schijfjes.
Doe de Amarula-likeur, het ijs, de honing, 9 aardbeien en de
banaanschijfjes in een mixer en pureer dit tot een gladde massa.
Verdeel de massa over de glazen en sprenkel de geraspte
chocolade er overheen .
Garneer het met een aardbei in elk glas.

Exotische Vruchtenpons

Vruchtenpons is 's zomers in Zuid-Afrika populair als verfrissing. Verras je vrienden en familie met deze verfrissende vruchtenpons op een warme zomersdag!

Nodig voor 6 personen:

1 ananas
1 meloen
1 appel

pulp van 4 passievruchten
8 verse (kruize)munttakjes,
Snufje zout
10 ml citroensap
150 ml appelsap

Werkwijze:

Doe daar de fijngehakte muntbladeren van 6 munttakjes bij de appelsap.
Verwarm dit sap en laat het vervolgens 10 minuten afkoelen.
Zeef de muntbladeren eruit.
Hak de vruchten in blokjes.
Doe de vruchten in een luchtdichte houder en sprenkel de citroensap en het zout er overheen en meng het lichtjes door elkaar.
Voeg de sap toe.
Sluit de houder af en bewaar de vruchten een nacht in de koelkast.
Verdeel het vruchtenmengsel over 6 glazen. Garneer ieder glas met de resterende munt en de pulp.

Rooibos-mango milkshake

Rooibos komt van het Nederlandse 'rood bos' en is een plant die groeit in de omgeving van de Cederberg in de West Kaap. Sinds 1930 wordt hij gekweekt voor thee. De bladeren worden geplukt, gestampt en in de zon gelegd. In de laatste fase krijgt de rooibos een roodbruine kleur. In tegenstelling tot gewone thee bevat rooibos geen cafeïne en bijna geen tannine (in gewone thee verantwoordelijk voor de iets bittere smaak). Rooibos bevat wel vitamine C, calcium en ijzer. Mango's groeien volop in het noorden van Zuid-Afrika.
Hier in Nederland vind je mango's uit allerlei landen en het is soms wat zoeken om er een te vinden die niet dradig is en de volle zoete mangosmaak heeft. In deze milkshake worden rooibos en mango gecombineerd met vanille ijs tot een verfrissende drank voor een warme zomers dag.

Nodig voor ca. 800ml:

3 zakjes rooibosthee
1 mango
10 ml citroenrasp
10 ml honing
600 ml vanille ijs
Aardbeiensaus voor garnering
Muntbladeren voor garnering

Werkwijze:

Laat de rooibosthee in 150ml gekookt water 10-20 minuten trekken.
Laten afkoelen.
Snijd de mango in kleine blokjes en doe deze in een keukenmixer.
Doe de citroenrasp, de honing, de 350 ml vanille-ijs er samen met de
rooibosthee bij en meng het goed.
Verdeel de inhoud over 4 glazen.
Schep twee bolletjes vanille ijs boven op elk glas
Garneer de milkshake met aardbeiensaus en muntbladeren.

4. Braaisafari

Nationale 'Braaidag'

24 september is het Cultureel Erfgoeddag in Zuid-Afrika. Deze nationale feestdag is in 1995 in het leven geroepen, om de schat aan verschillende tradities te vieren die de regenboognatie rijk is.

Elk jaar belichtte het Ministerie van Kunst en Cultuur een traditie waar zoveel mogelijk bevolkingsgroepen zich mee konden identificeren. In 2005 besloot een groep Zuid-Afrikanen dat die jaarlijkse zoektocht helemaal niet nodig was. Het land heeft al één traditie die de hele bevolking verbindt: de Braai, ofwel de Zuid-Afrikaanse barbecue. En zo kwam het dat 24 september tegenwoordig bekend staat als 'Nasionale Braaidag'.

Kip-kebab geroosterd op rozemarijntakjes

In Zuid-Afrika wordt kebab een sosatie genoemd. Gemarineerde blokjes vlees op houten of metalen spiesen die op een barbecue (braai) worden klaargemaakt. Naast lams- en rundvlees, wordt ook wel kip gebruikt, zoals in dit recept. Ook hier is de combinatie van fruit, kruiden en specerijen het geheim van de populariteit van sosaties voor de Zuid-Afrikaanse braai.

Nodig voor 7 personen :

500 g kipfilet
60 ml citroensap
60 ml honing
1 teentje knoflook
80 ml olijfolie
2,5 ml zout
5 ml gedroogde marjolein

2,5 ml mosterd
Snufje peper
150 g gedroogde abrikozen
2 rode paprika's
1 ui
7 houten spiesen of stevige
rozemarijntakken waar de
bladeren vanaf zijn gehaald

Werkwijze:

Snijd het kipfilet, de ui en de paprika's in blokjes die groot genoeg zijn
om op een spies te rijgen. Leg de abrikozen 30 minuten in water
Meng de citroensap, olijfolie, honing, teentje knoflook, marjolein,
mosterd, zout en peper.
Voeg de kipblokken, de paprika's en de abrikozen erbij en marineer dit
1 á 2 uur.
Leg in het geval van houten spiesen ca. 30 minuten in water (niet bij
rozemarijntakken).
Steek vervolgens de blokjes kip, samen met de abrikozen, de ui
en de paprikablokken om en om aan de rozemarijntakjes. Gooi de
marinadesaus niet weg.
Gril de spiezen op de barbecue of eventueel in de oven tot het
vlees goudbruin en voldoende gaar is (ongeveer 20 minuten). Strijk
het vlees tijdens het barbecueën regelmatig in met de resterende
marinadesaus.

Gemarineerde runderkebabs

Hier een kebabrecept dat heel populair is voor de barbecue. In Zuid-Afrika wordt kebabs 'sosaties' genoemd. Je moet het vlees tweemaal marineren en daar al twee dagen van tevoren mee beginnen, maar het lekkere eindproduct is deze moeite waard.

Nodig voor 6 kebabs:

500 g kogelbiefstuk in blokjes
3 gekneusde laurier bladeren
125 ml melk
1 teentje knoflook
15 ml bruine rietsuiker
Zout en peper naar smaak
1 grote ui

15 ml olijfolie
200 ml rode wijnazijn
20 ml suiker
10 ml kerrie poeder
30 ml abrikozenjam
1 ml zout
Snufje peper
2,5 ml kurkuma
5 ml worcestersaus

Werkwijze:

Snijd de kogelbiefstuk in dobbelstenen.

Meng 2 laurierbladeren, de melk, de bruine rietsuiker en de fijngemaakte knoflook tot een marinadesaus en voeg peper en zout naar smaak toe.

Giet deze eerste marinade over het vlees en laat het een nacht bedekt in de koelkast staan.

Giet de marinadesaus af (gooi dit weg) en maak het vlees vrij van marinaderesten met keukenpapier.

Snijd de ui in ringen en fruit de ui zacht.

Doe de kerrie erbij en fruit het samen nog 2 minuten.

Meng dit met de rode wijnazijn, suiker, kerriepoeder, abrikozenjam, 1 laurierblad, de kurkuma, de worcestersaus, 1 ml zout en een snufje peper door elkaar en kook dit een paar minuten. Laat de marinademengsel heel goed afkoelen.

Doe het marinademengsel over het vlees heen en laat het een nacht in de koelkast staan.

Week de houten spiesen ca. 30 minuten in water.

Verdeel de vleesblokjes op de houten spiesen.

Laat vlees 30 minuten rusten voordat dit op de barbecue gaat.

Gril het vlees tot het gaar is, ca. 10 minuten, op de barbecue of op de grillplaat en doe tijdens het grillen de resterende marinade voorzichtig op het vlees.

5. Vissafari

Maleise visballetjes

*In deze visballetjes proeven we de invloed van de Maleise keuken
met de subtiele smaak van specerijen en kruiden. In de Kaap wordt
ze meestal met snoek (Kaapse snoek) gemaakt. Makreel lijkt hier een
beetje op en is hier in Nederland een goede plaatsvervanger.
De visballetjes kunnen koud of warm opgediend worden. Ze smaken
nog lekkerder in combinatie met tomatenchutney.*

Nodig voor 10 kleine balletjes:
Ca. 180 gram Makreelfilet
1 grote aardappel gekookt en gepureerd
15 ml peterselie fijngehakt
15 ml koriander fijngehakt
Een snufje paprikapoeder
Een snufje zout en peper
2 losgeklopte eieren
200 gram Panko (Japans broodkruim, verkrijgbaar in de Toko)
of gewoon paneermeel
olijfolie

Werkwijze:

Kook de aardappel tot hij zacht is en pureer hem tot een fijne consistentie. Laat dit even afkoelen.
Verwijder het vel van de makreel en neem het visvlees van de graat. Verdeel het met een vork in kleine stukjes.
Meng de fijngemaakte makreel, de fijngehakte peterselie en de koriander, een snufje paprikapoeder, een snufje zout en peper met 1 geklopt ei en de aardappelpuree.
Kneed kleine balletjes en leg die ongeveer 15 minuten in de koelkast.
Doe een geklopt ei in een kom of soepbord en de paneermeel in de andere kom. Haal de balletjes eerst door het ei en vervolgens door de Panko paneermeel.
Braad de visballetjes in voorverwarmde olie in een pan tot ze rondom bruin zijn en laat ze daarna uitlekken op keukenpapier.

Kingklip met tropische fruit

Kingklip is en populaire vis in Zuid-Afrika. In Nederland is deze vis moeilijker verkrijgbaar, maar kan soms wel besteld worden. Een goede plaatsvervanger ervoor is zeewolf. Hier gecombineerd met lekkere zomerse tropische vruchten, mango en banaan.

Nodig voor 4 personen:
300 gram zeewolf filets
Gekruid zeezout
1 groot mango
2 bananen
15 ml Amarula Cream
15 ml bloem
2.5 ml (1 theelepel) milde
kerriepoeder of vis-masala

15 ml gesmolten boter
1 teentje knoflook, fijngesneden
150 gram pittige curry marinade
Tikka masala (fles)
70 ml geraspte kokos
2,5 ml (halve theelepel) kurkuma
Snufje peper
Verse korianderblaadjes om te
garneren

Werkwijze:

Zout de vis, dek ze af en zet ze in de koelkast.
Snijd de mango in blokjes en de banaan in schijfjes en meng het fruit in
een grote ovenvaste schaal met de Amarula Cream.
Haal de vis door een mengsel van bloem, kerrie en peper.
Snijd of pers de knoflook in kleine stukjes en fruit dit heel kort in
gesmolten boter.
Leg de vis op het fruit. Besmeer de stukjes vis met een mix van
de gesmolten boter en knoflook. Giet de pittige curry marinade
gelijkmatig over de schotel.
Meng de kokos en de kurkuma op een stuk bakpapier door elkaar tot
de kokos een gouden kleur krijgt.
Besprenkel de vis ermee. Na deze voorbereidingen kan de schotel
afgedekt in de koelkast bewaard worden als gerecht vooraf bereid
wordt.
Bak gedurende 25 minuten op 220° C.
Garneer het geheel met verse korianderblaadjes en serveer het met
gele rijst, en tomaten sambal.

6. Bij-de-koffie-safari

Bananencake

In de warmere streken van Zuid-Afrika groeien bananen, vruchten die niet alleen daar maar ook in Nederland populair zijn. Voor deze bananencake kun je het best overrijpe bananen gebruiken.

Ingrediënten voor de cake:
95 g boter of margarine
115 g suiker
2 eieren
180 g bloem
7,5 ml bakpoeder
1,5 ml zout
2,5 ml natrium (toko)
10 ml water
2 kleine fijngeprakte bananen
10 ml melk

Ingrediënten voor het strooisel:
15 ml bruine basterdsuiker
2,5 ml fijne kaneel
10 g hazelnoten fijn gehakt

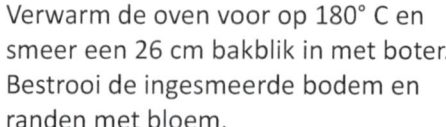
Verwarm de oven voor op 180° C en smeer een 26 cm bakblik in met boter. Bestrooi de ingesmeerde bodem en randen met bloem.

Meng boter en suiker tot een romig mengsel en mix de eieren er een voor een doorheen.

Zeef bloem, bakpoeder en zout.

Los het natrium op in water en meng het met de banaan en melk.

Voeg beetje bij beetje afwisselend het melkmengsel en het bloemmengsel bij het suiker/botermengsel mengsel.

Meng basterdsuiker, kaneel en hazelnoten tot een strooisel.

Doe het beslag in de koekenpan, smeer de bovenkant glad en doe het strooisel erover.

Bak de cake in het midden van de oven op 180° C in 45 minuten tot hij gerezen en gaar is (een prikker moet er schoon uit komen).

Feestelijke citroentaartjes

Lemon meringue taart (citroen schuim taart) is al heel lang al favoriet in Zuid-Afrika. De laatste jaren zijn citroentaartjes razend populair geworden en kun je ze in allerlei variaties vinden in restaurants en in winkeltjes waar ze vers gebakken worden. Hier een variatie daarop om snel lekkere taartjes op te kunnen dienen met de frisse smaak van citroen.

Nodig voor 28 taartjes ter grote van een muffin:

1 pak bladerdeeg (of kant en klare gebakschelpen)
250 g Mascarpone
150 g Lemon curd
Fruit voor de garnering (bijvoorbeeld frambozen,
maar blokjes gember kan ook)

Werkwijze:

Volg instructies op de verpakking van de bladerdeeg voor de voorbereiding.
Rol het deeg uit en druk er vormpjes uit die in de muffinpan passen.
Prik het deeg in met een vork.
Bak de taartdopjes 'blind' (met behulp van bakbonen) bij 220° C tot het deeg goudbruin is.
Laat ze afkoelen.
Meng de mascarpone en de lemon curd tot een romerige massa.
Breng het mascarpone mengsel kort voor dat je ze opdient aan op de taartdopjes. Garneer ze vervolgens met kleine stukjes fruit.

Worteltaart

Worteltaart is heel populair in Zuid-Afrika. Het is een heerlijke cake met geraspte wortel en walnoten. Een vleugje kaneel en nootmuskaat geven de taart een licht kruidige smaak. De taart wordt afgemaakt met een topping van roomkaas en vanille.

Nodig voor ca. 12 personen:
75 g bloem
7,5 ml bakpoeder
2,5 ml natrium (verkrijgbaar bij de toko)
2,5 ml kaneel
2,5 ml nootmuskaat
snufje zout
75 g volkoren tarwemeel
200 g suiker
190 ml zonnebloemolie

30 ml heet water
2 grote eieren
2,5 ml vanille
100 g fijngeraspte wortelen
50 g fijngehakte walnoten

Voor de topping:
200 g roomkaas (bijvoorbeeld monchou of frischkäse)
30 ml poedersuiker
5 ml vanille

Verhit de oven tot 180° C, beboter een ovenschaal en bestrooi bodem en randen met bloem.

Zeef bloem, bakpoeder, natrium, kaneel, nootmuskaat en zout en meng dit met het volkorenmeel.

Meng suiker en olie met de mixer en voeg daarna het hete water toe.

Splits de eieren en mix de eigelen bij de water en oliemengsel.

Meng deze mengsel met het bloemmengsel tot een deegmengsel.

Roer met een spatel 2,5 ml vanille, wortels en noten door het deeg.

Klop de eiwitten stijf en roer ze heel voorzichtig door het deegmengsel.

Doe het deegmengsel in de bakvorm en bak de taart 45 minuten bij 180° C. Controleer of de taart gaar is met een houten prikker: als de prikker schoon uit de taart komt, is deze gaar.

Maak de topping door de roomkaas, suiker en 5 ml vanille tot een zacht mengsel te mixen. Smeer de topping uit over de taart.

Snijd in blokken en decoreer de taart met fijngehakte walnoten.

Citroenscones

Scones zijn populair in Zuid-Afrika. Ze verraden de Engelse invloed uit het verleden van Zuid-Afrika. Hier een Afrikaanse variatie met een frisse citroensmaak, omdat citrusfruit goed groeit in het warmere noordelijke deel van het land.

Nodig voor ca. 25 medium scones:

500 g bloem
250 g volkoren tarwemeel
4 theelepels bakpoeder met kop
1 mespunt zout
2 theelepels citroenrasp
250 g koude boter
2 eieren
warm water

Culinaire Safari

Werkwijze:

Verwarm de oven voor op 200° C.

Meng bloem, volkorenmeel, bakpoeder, zout en citroenrasp door elkaar. Rasp de koude boter erboven en kneed dit door de bloem tot er kruimels ontstaan.

Kluts de eieren met een garde en voeg warm water toe totdat het geheel 450ml is.

Schenk het eimengsel bij het deegkruim en kneed tot een samenhangende bal.

Rol het deeg uit tot een lap van ca. 2 cm dik op een met bloem bestrooide snijplank.

Steek ca.25 rondjes uit het deeg, leg deze op een bakplaat en bestrijk ze met een beetje melk.

Plaats de scones in het midden van de oven en bak ze in ca. 20 minuten lichtbruin.

Haal de scones uit oven en laat ze op een rooster even afkoelen.

Scones serveren met jam en slagroom of, als lichte maaltijd, met geraspte kaas en jam.

7. Toetjes-Safari

Kaapse Brandewijn pudding/taart

Dit klassieke Zuid-Afrikaanse nagerecht heeft de naam gekregen van de brandewijn die sinds 1672 in de Kaap gedestilleerd wordt. Een andere naam die wel gebruikt wordt is tipsytaart.
Veel bezoekers aan Zuid-Afrika geven aan dat dit nagerecht het culinaire hoogtepunt is van hun reis. In Nederland vervangen we de brandewijn door vieux. Onze vieux lijkt meer op de brandewijn die in Zuid-Afrika in dit nagerecht gebruikt wordt.

Nodig voor 8 personen:

250 g ontpitte dadels
250 ml rooibosthee
5 ml natrium
100 g zachte boter
200 g suiker
1 ei
150 g bloem
5 ml bakpoeder
100 g walnoten of pecannoten

Voor de siroop:
20 ml suiker
100 ml appelsap
80 ml vieux
5 ml vanille geursel
15 ml boter

Verhit de oven tot 180° C en smeer een ovenschaal in met boter.
Doe de dadels en rooibosthee in een klein pannetje en laat het koken.
Meng lichtjes. Verwijder het van de warmtebron en doe er natrium erbij.
Mix boter, suiker en ei samen tot een romig mengsel met een mixer.
Zeef de bloem, bakpoeder en zout erbij en meng dit heel kort met de mixer op de laagste stand.
Doe het dadelmengsel erbij en meng het geheel goed door elkaar.
Doe dan de walnoten erbij en meng door.
Vul met dit mengsel de ovenschotel en bak het in 45 minuten op 180° C gaar.
Doe de suiker en de appelsap in een pannetje. Breng het aan de kook.
Roer totdat de suiker weggesmolten is.
Verwijder het van de warmtebron en voeg de vieux, vanille en boter erbij.
Giet dit mengsel over de warme pudding als die uit de oven komt.

Serveertip: Serveer met geklopte slagroom, vanille ijs of vla. Dit nagerecht kan goed afgedekt in de koelkast bewaard worden en later weer verwarmd worden.

Zomertrifle

In trifle zien we de Engelse invloed op de Zuid-Afrikaanse keuken. Trifle komt voor in verschillende variaties. Gewoonlijk bestaat dit uit lagen fruit, cake, gelatine, vla, slagroom en een toevoeging als brandewijn (vieux) of port. Het wordt soms rond de kerstdagen gegeten, maar bedenk dat het kerstfeest in Zuid-Afrika midden in de zomer valt.
In dit recept een lichte variant voor de zomer zonder alcohol, waarbij slagroom vervangen is door kwark.

Nodig voor 8 personen:

100 g boudoir koekjes
1 pakje jelly
400 g Fruitcocktail op siroop
500 ml vla
250 g kwark
15 ml Citroenrasp

15 ml witte strooisuiker
Vruchten voor garnering bv. aardbeien, kiwi's
50 g pecannoten
Muntbladeren

Bereid de jelly en laat het opstijven in een ondiepe vlakke schaal.
Leg de boudoir koekjes op de bodem van een diepe schaal.
Doe hier de fruitcocktail met siroop overheen.
Doe de helft van de vla hier overheen.
Snijd de gelatine in blokjes en verdeel die over de vla.
Doe de rest van de vla hier vervolgens weer overheen.
Meng de kwark, citroenrasp en suiker door elkaar.
Schep dit mengsel met een lepel op de vla.
Garneer het tenslotte met vers fruit, noten en muntbladeren.

Gevulde rooibostheepannenkoeken met sinaasappelsaus

"Het is pannenkoekenweer" zegt men in Zuid-Afrika als het buiten regent en dus binnen kil is, vanwege het ontbreken van centrale verwarming. Wat is er gezelliger dan samen pannenkoeken te bakken en al bakkend en eten jezelf lekker op te warmen?
Traditioneel worden pannenkoeken in Zuid-Afrika gegeten met kaneelsuiker. Vooral pannenkoeken met hartige of zoete vulling zijn populair geworden. Zo ook deze pannenkoeken gevuld met custardcrème en gebakken in sinaasappelsaus.

Nodig voor 18 kleine pannenkoeken of 12 grote pannenkoeken:

270 g bloem
5 ml azijn
10 ml bakpoeder
Snufje zout
2 eieren
125 ml olijfolie
500 ml rooibosthee

Vulling:
500 ml melk
2 eieren
40 g gezeefde bloem
40 g roomboter
120 g suiker
Saus:
40 g roomboter
120 g suiker
200 ml verse sinaasappelsap
30 ml van de gemaakte vulling
2,5 ml citroenrasp

Werkwijze:

Mix de olie, 2 eieren, azijn en de helft van de rooibosthee.
Voeg de gezeefde bloem en de rest van de rooibosthee toe.
Meng er het zout en de bakpoeder door.
Bak 18 klein pannenkoeken in een kleine pan of 12 groot pannenkoeken in een grote pan.
Smelt 40 gram roomboter in de melk in een pan.
Mix de eieren, suiker, zout, bloem en een beetje van de melk goed door elkaar.
Voeg de hete melk toe en blijf roeren met een garde tot het mengsel dik wordt.
Smeer op elke pannenkoek een eetlepel van het mengsel, rol de pannenkoeken op en leg ze in een ovenschaal. Doe 40 gram roomboter, 120 gram suiker, 200 ml verse sinaasappelsap, 30 ml van de gemaakte vulling en citroenrasp en eventueel sinaasappellikeur voor de saus in een pan en kook tot de suiker gesmolten is.
Schenk de saus over de pannenkoeken en verwarm ze 15 minuten in de oven op 150°C. Decoreer met (gehakte) noten of kersen en serveer met een bolletje vanille-ijs.

Mangoparfait met passievruchtenvla

Een lekker verfrissend toetje voor een warme zomerdag. Mango's en passievruchten groeien volop in het noordelijke gedeelte van Zuid-Afrika waar het zomers heel warm is. Laat met dit toetje de zon schijnen!

Nodig voor ca. 8-10 personen:

250 ml slagroom
100 g fijne kristalsuiker
250 ml halfvolle yoghurt
1 grote mango
2,5 ml citroenrasp
1 pakje vanillesuiker
10-12 boudoir koekjes
80 ml melk

pulp van 4 passievruchten
50 g boter
100 g suiker
30 ml citroensap
30 ml sinaasappelsap
2 losgeklopte eieren
1 losgeklopte eidooier
20 muntblaadjes

Werkwijze:

Schil de mango en hak hem in blokjes.
Klop in een kom de slagroom stijf. Klop vervolgens 100 gram suiker, citroenrasp, de vanille suiker en de yoghurt erdoor.
Schep vervolgens de blokjes mango door het yoghurtmengsel.
Week de boudoir koekjes in een platte bak in de melk.
Bekleed de diepvriesvorm met plasticfolie. Schep het yoghurtmengsel in de vorm en bedek dit met geweekte boudoir koekjes.
Dek dit af met plasticfolie of een deksel en zet het minimaal 6 uur in een diepvriezer.
Doe de boter in een pan op het vuur tot zacht geworden is (niet helemaal smelten) en meng het goed met 100 gram suiker, citroenrasp, citroensap en sinaasappelsap.
Doe dan de losgeklopte eieren en eidooier erbij en meng dit goed.
Blijf roeren totdat de mengsel dikker wordt, zo als dikke vla.
Laat dit afkoelen.
Meng kort voordat het ijs wordt opgediend, de passievruchtenpulp door het vlamengsel.
Neem de parfait uit de vorm en snijd die in plakken. Verdeel dit over de borden. Giet passievruchtenvla over ieder stuk mangoparfait en garneer het met muntblaadjes.

Amarula custard crème

De marulaboom (Sclerocarya Birrea), ook olifantenboom genoemd, is een Afrikaanse botanische schat doordrongen met cultuur, romantiek en legenden. De boom groeit alleen in subequatoriaal Afrika en kan nergens anders op de wereld gevonden worden.

Op het warmst van de Afrikaanse zomer, van januari tot half maart, hangt er een zoete en verleidelijke tropische geur over de vlakten ten zuiden van de Sahara. Het zijn niet alleen de mensen die genieten van de overheerlijke geur van zongerijpt fruit maar ook talloze dieren: olifanten, neushoorns, wrattenzwijnen, bavianen, koedoe's, blauwapen, zebra's en stekelvarkens. In deze periode vallen de rijpe vruchten van de marulaboom.

Met de grootte van een pruim maar een ovale vorm, is de licht goudgele marulavrucht met geen andere vrucht te vergelijken. Het witte vruchtvlees komt enigszins overeen met die van lychees maar is luchtiger. Sappig, met een vleugje citrus en een romige zachte, nootachtige smaak is de marulavrucht erg geliefd.

Amarula likeur heeft de essentie van de unieke exotische aroma's en smaken van de marulavrucht gevangen door eerst de handgeplukte vruchten te laten fermenteren tot wijn.

Een ander, belangrijk ingrediënt van amarula likeur is verse room. Het geeft Amarula zijn rijke en fluweelzachte consistentie.
In dit recept verwerkt tot een heerlijke toetje.

Nodig voor 6 personen:

500ml vla
1 zakje vanille
3 grote eieren
80ml amarula crème likeur
80ml mapelsiroop
30ml fruitsiroop
50 g in stukjes gehakte walnoten

Werkwijze:

Oven voorverwarmen op 150 °C.
Zes lage kleine ovenschaaltjes (ramekins) met boter insmeren.
Meng de vla met vanille, amarula likeur en eieren met een mixer tot het goed gemengd is.
Verdeel het over de zes ovenschaaltjes.
Doe de bakjes in een grote diepe ovenschaal en vul de schaal met heet water totdat de water tot de helft van de ovenbakjes komt.
Bak het 30 - 45 minuten in een voorverwarmde oven of totdat een mes schoon eruitkomt.
Haal het uit oven en laat het geheel 10 minuten staan.
Verhit de mapelsiroop en de fruitsiroop.
Laat custard crèmes in een bord uitglijden.
Dresseer over alle zes wat fruitsaus en gehakte walnoten.

Genieten van heerlijk Zuid-
Afrikaans eten is voor Marika
Rentier, voor wie koken één
van haar passies is, een
manier om de overgang
van het warme zuiden
naar het barre Nederland
te 'overleven'. Haar passie
heeft geresulteerd in
in dit receptenboek vol
heerlijke recepten die het
beste van Zuid-Afrika in je
keuken brengen. Marika
is geboren en opgegroeid
in Mpumalanga ('waar de
zon opkomt'). Daarna heeft
ze zeven jaar in Kaapstad
gewoond, waar ze tussen
Maleise vrienden kennis
maakte met de Kaapse
keuken.
Het oog wil ook wat en
daarom heeft Marika haar
tweede passie fotograferen
gebruikt om de gerechten
zo aantrekkelijk mogelijk te
fotograferen.

Lightning Source UK Ltd.
Milton Keynes UK
UKRC021340111019
351394UK00005B/119